Imp. 503

AVANTPROPOS
DE LA GENEALOGIE
DE LA MAISON
DE KERGOVRNADECH.

'ANTIQVITTE' de la Maison de KERGOVRNADECH, ne se peut mieux prendre que de son nom, Car le mot Breton de KERGOVRNADECH (signiffie VILLE DE L'OMME SANS PEVR, & dict on son ethimologie est prise du temps de Monsieur SAINCT PAVL, premier Euesque de Leon qui viuoit il y à prés de 1200. ans, que lors qu'il chassa de l'Isle de Baz vn effroyable Serpent qui l'infectoit, aucun de tous les assistans ne resta prés du Sainct, à la veuë du Serpent, sors vn seul Cheuallier, qui de-la prist son nom de KERGOVRNADECH ainsi que le tesmoigne vn Couplet de l'Hymne qui se chante le troisiesme iour de l'Octaue dudit Sainct Paul, où sont ces deux Vers;

Villa viri non fugientis
Miles erat tunc temporis.

Et pour marque, & memoire de ce, eut ledit Cheualier, priuilege pour luy, & ses successeurs d'entrer en tout temps botté, & esperonné dans le Cœur de l'Eglise Cathedralle de Sainct Paul de Leon, duquel, jouist encore aujour-d'huy le Seigneur de KERGOVRNADECH seul entre tous les Gentilshommes dudit Euesché bien qu'il y aye de grandes & signalées maisons.

Ladicte Maison de Kergournadec, est ancienne Chastellenie mouuante nuëment du Roy, en haulte Iustice, s'extend en huict ou dix parroisses, & à quantité de Gentils-hommes Vassaux. Les Seigneurs d'icelle ont tousiours porté pour armes. *Eschiquetté d'or & de gueulles; Cymier, vne teste de Leurier d'argent; Cry; en Dieux est.*

EXTRAICT DE LA GENEALOGIE DE LA MAISON DE KERGOVRNADECH,

Dreſſé par le Pere du Paëz, ſur les tiltres de ladicte Maiſon.

KERGOURNADECH, PORTE POVR
Armes, Eſchiquetté d'Or & de Gueulle.

LLIVIER, I. Eſpouſa ALIX DE LEON deſquels les armes ſe voyent en alliance à Cleder, Sainct Iean, & ailleurs, & eurent pour Fils

Leon, d'Or au Lyon de ſable.

2. OLLIVIER DE KGOVRNADECH, Cheuallier en l'an 1294. acquier la Seigneurie de Kerfauen d'auecq Nuz de Traouloin. Il eſpouſa ELEONOR DE DINAN de la maiſon de Montafilant, leurs Armes ſont en alliance es Vitres de l'Egliſe Parochialle de Cleder, & à S. Iean de Kergournadech, comme auſſi les ſuyuantes alliances, d'eux yſſit.

Dinan, de gueulles à 4. Fuzées d'Hermines & ſix Beſans de meſme. 3. en chef, 3. en pointe.

3. NVZ DE KERGOVRNADEC Cheualier luy & Salomon ſon Fils, 1315. accorderent auecq HERVE' DE LEON Cheualier Seigneur de Noyon pour l'vſage que luy & ſes predeceſſeurs auant luy, auoient aux Forreſts de Guipauaz, tant à merrain que chauffage, Eſpouſa en premiere nópces Catherine fille du Vicomte du Fou, dont il

eut Salomon & Margueritte ; & en secondes Alliette le
Normant, fille de Monsieur Guillaume le Normant Cheualier, & en eut Guillaume & Olliuier de Kergournadech,
pour lesquels elle demande partage, à Salomon par acte
de l'an 1327. estant veufue.

Le fou; d'Azur au Leopard d'or.
Le Normant, d'or, à 3. fasses d'azur semées d'Estoilles d'argent.

4. SALOMON DE KERGOVRNADECH

mort sans Enfans.

4. MARGVERITE DE KERGOVRNADECH

femme d'Allain de Launay Seigneur de Coetmerret, des-
quels yssit Olliuier qui portoit en ses Seaux le Lyon, qui
sont les armes de Launay à l'Orle eschiquettée.

4. GVILLAVME DE KERGOVRNADECH

Cheualier, espousa Marguerite du Chastel fille aisnée de
Messire Tanguy Seigneur du Chastel, Cheualier & de Dame
Thiephaine de Plusquallec.

Le Chastel; fassé d'or & de gueulle de six piesses.

Acte de l'an 1341. par lequel ledit Tanguy recognoist que
du consentement de Bernard son fils aisné, il auroit promis
audit Guillaume & Marguerite sa fille aisnée 60. liures de
rente pour auenant es successions de Pere & Mere.

I'ay veu vn acte de l'an 1339. auecq son sceau l'Escusson,
eschiqueté brisé au cartier d'honneur d'vn Lyon, qui estoit
à cause de sa bisayeulle de la maison de Leon. Ils eurent
pour fils,

5. GVYOMAR, Seigneur de Kergournadech Cheuallier

Il faict eschange de quelques terres auecq Messire Guillaume de Lescoët Cheualier 1358.

Sa femme fut MARGVERITE DE COETMENECH
fille de Messire Prigent, & sœur d'autre Prigent, Seigneurs
de Coetmenech, Vicomtes de Plouider, & eurent deux Fils,

leurs armes font en alliance à Cleder.

Coëtmenech; faffé de vair, & de gueulle de fix pieffes.

6.   NVZ, II. Seigneur de Kergournadech, viuioit en 1365. & mourut fans Enfans.

6.   SALOMON II. Seigneur de Kergournadech, Cheualier efpoufa MARIE DE COETGOVRHEDEN Fille de Iean de Coetgourheden, Cheualier Seigneur de Losmaria, & de PLESOV DE BERYEN fa premiere Femme, ladicte Marie eftoit pour lors heritiere prefumptifue, mais apres le decez de fa Mere, fon Pere eut d'vne feconde femme des Enfans dont les defcendants font à prefent feigneurs de Lommaria.

Ledit Salomon en 1389. tranfige auecq Meffire Prigent Seigneur de Coetmenech pour le partage de fa mere Marguerite.

Ce Salomon fut Cheuallier vaillant, & fort employé par le Duc Iean le vaillant, duquel il fe trouue plufieurs miffiues audit de Kergournadech pour armer pour fon feruice, & pour autres occafions qui portent en fuperfcription de par le Duc, à noftre bienaymé Cheualier le Sire de Kergourmadech, en quelques vnes fon nom propre.

Il vefcut fort vieux deceda enuiron l'an 1431. il laiffa quatre fils.

Coëtgourheden, de Guelles à la Croix engrellée d'argent.

7.   GVYON, TANGVY, NVZ, & MARC DE KERGOVRNADECH, Ces trois partagent noblement les biens de leur deffuncte mere le 19. Iuin 1429. leur Pere viuant.

7.   GVYON Seigneur de Kergournadech dés l'an 1420. du viuant de fon Pere, il efpoufa YSABEAV DE COETQVENAN Fille aifnée de defunct Miffire Henry Vicomte de Corquenan, & d'AMICZE DE KERGROA-

DES, laquelle luy donne des terres és Parroiffes de Cleder, Ploëneuez & autres.   Ils eurent trois enfans

Coëtquenan ; d'azur à la tour fommée d'or.

8. OLLIVIER.

8. MARGVERITE Et.

8. ALIETTE DE KERGOVRNADECH defquels nous parlerons succeffiuement.

8. OLLIVIER III. Seigneur de Kergournadech Cheualier ; le Duc François premier luy donne vne Sauuegarde pour luy & fa mere en l'an 1448.

Il efpoufa **MEANCE DV CHASTEL**, fille aifnée d'Olliuier Seigneur du Chaftel, Lefcoët, le Soreux &c. Et de **IANNE DE PLOEVC** par contract de mariage du 26. Auril 1454. il mourut fans enfans 1482.

Le Chaftel ; faffé d'or, & de gueulle de fix pieffes.

8. MARGVERITE Dame de Kergournadech, elle fucceda à fon Frere Olliuier mort fans enfans, & eftoit mariée à Meffire Bizien de Bouteuille fils puifné de la maifon du Faouët ; aux tiltres de ladite maifon, il fe trouue adueu rendu par Noble & puiffant Silueftre Seigneur de la Feillée, de Langarzan, Vicomte de Plouider, à Noble & puiffant Bizien de Bouteuille, Seigneur de Kergournadech à caufe de Marguerite de Kergournadech fa femme 1482. ils n'eurent point d'enfans.

Bouteuille ; d'argent à cinq fuzées de Gueulles.

8. ALIETTE DE KERGOVRNADECH feconde fille de Guyon, & d'Yfabeau de Coetquenan fut mariée auec Maurice de Coëtquelfen, Cheualier Seigneur dudit lieu, & parce que la fucceffion de Kgournadec efcheut à leur fils, nous mettrons icy ce que nous auons trouué de fes predeceffeurs.

Coëtquéluen ; de fable au Lyon d'argent.

1. EON Sieur du Coetquelfen efpoufa Conftance le Barbu de la Maifon du Quilliou ; elle eftoit veufue 1390. & morte 1397.

Le Barbu ; d'or au fautoir pommetté d'Azur.

2. IAN Seigneur de Coetquelfen leur fils, qui fit hommage au Duc Ian, des terres de fadite Mere, & de fon doüaire, comme portent les Lettres dudit Duc donnez à Rennes le 6. May 1397. il efpoufa IANNE LE HEVC d'vne bonne maifon prez Landerneau. Ils eurent fils & fille

Le Hec ; d'or à 3. Treffles de Gueulle, 2 1.

3. GVYON, ET.

3. IANNE DE COETQVELFEN mariée au Sieur de Kerraoul en Treguier.

3. GVYON Seigneur de Coetquelfen efpoufa MARGVERITE DE KERHOENT fille de Pierre, & fœur de Iean Seigneurs de Kerhoënt.   Ils eurent pour fils.

Kerhoënt ; Lozange d'argent, & de fable.

4. MAVRICE Seigneur de Coetquelfen Cheualier auquel le Duc François donne le rachapt de feu Guyon fon Pere, qui l'auoit feruy dans la compagnie de gens d'Armes du Seigneur du Quellenec fon Chambellan du 29. Auril 1473. ce fut luy qui efpoufa ladicte Alliette de Kergournadech, & eurent deux fils & vne fille qui prirent le nom de Kergournadech, & les Armes.

5. YVON decedé ieune.

5. IAN, dit Kergournadech &.

5. YSABEAV de Kergournadech qui fut femme de Olliuier le Moyne fieur de Ranorgat.

9. IAN Seigneur de Kergournadech, de Coetquelfen & autres lieux.

Auant que la Seigneurie de Kergournadech luy fuft efcheüe des l'an 1469. il auoit efpoufé IANNE DE PENMARCH fille aifnée de Meffire HENRY DE PENMARCH

Cheualier Seigneur de Penmarch, & d'Adelicze de Coëtiuy,
Fille de Olliuier Seigneur de Coëtiuy Comte de Taille-
bourg, Senechal de Guyenne & de Marie de Vallois, fille na-
turelle du Roy Charles VII.

Penmarch; d'or à 3. merlettes d'azur, 2.1.

De ce Mariage yssit.

FRANÇOIS Seigneur de Kergournadee, Coetquelfen,
Lanyuinon Keruilit, & autres lieux Cheualier, il print en mariage FRANÇOISE DE KERSAVSON fille & heritiere de
IEAN DE KERSAVSON, Seigneur de Kerutilit & Lanyuinon, & de Marguerite Quintin sa femme.

Il transige auec son cousin Henry de Penmarch, 1518. Il
eut de sa femme vn fils & cinq filles.

Kersauson; de gueulle, à vne boucle, & hardillon d'argent,

XI. OLLIVIER Seigneur de Kergournadech.

XI. IANNE Dame de Kergournadech & de Trauheon.

XI. LOVISE Dame de Coadelez.

XI.   Dame de Herlan.

XI.   Dame de Penhoadic.

XI. MARGVERITE Dame de Kersach en Treguer.

XI. OLLIVIER IIII. Seigneur de Kergournadech,
Coetquelfen, Keruilit, Lanyon, Cheualier de l'Ordre du
Roy, il espousa IANNE DE KERMAVAN, c'est Carman;
fille aisnée de Tanguy, Sire de Kermã Cheualier & de Dame
Louise de la Forest sa femme, ils moururent sans enfans.

Kerman; escartelé, d'azur à la tour roulante d'argent,
& d'or au Lyon d'azur.

XI. IANNE de Kergournadech Dame de Trauheon,
& de Kergournadech.

Elle succeda à Olliuier son Frere decedé sans enfans.

Elle estoit mariée à Messire ALLAIN DE KERHOENT Seigneur de Trauheon Botquenezre, & autres lieux fils de PIERRE DE KERHOENT Seigneur dudit lieu, Chef de nom & Armes de la maison de Kerhoënt, tombée par heritiere en la maison de Neuet.

De ce Mariage sortirent quatre enfans, qui prirent les Armes de Kergournadech. Qui sont eschiquetté d'or, & de gueulles, laissant celles de Kerhoënt qui sont lozange d'argent, & de sable.

12. OLLIVIER Seigneur de Kergournadech.

12. LOVISE Dame de Chasteaufur.

12. MARGVERITE Dame de Kerbic.

12. FRANÇOISE Dame de Kérouazle.

12. OLLIVIER DE QVERHOENT Cheualier de l'Ordre du Roy, Seigneur de Kergournadech Trauheon, Coetquelfen, Keruilit, & Lanyon espousa MARIE DE PLOEVC, fille vnicque & heritiere de PIERRE DE PLOEVC, Seigneur de Keruegant & de IANNE DE QVELLENEC, sa femme, ledit Pierre fils puisné de Vincent seigneur de Ploeuc, & du Tymeur, & de Ianne de Rosmadec, de ce mariage yssirent deux fils & vne fille.

Ploeuc ; d'Hermines à trois Cheurons de gueulle escartelé
Du Tymeur; d'or vairé de gueulles.

13. FRANÇOIS Seigneur de Kergournadech.

13. CHARLES DE KERHOENT Seigneur de Coetanfaut espousa YSABELLE DE CRECHQVERAVLT fille heritiere de FRANCOIS DE CRECHQVERAVLT ET DE MARIE DE PENHOET. Sieur & Dame de Crechquerault, Kerautret, Mesgoubim, Lommaria, Landebocher & autres lieux, & ont eu plusieurs enfans FRANÇOIS Seigneur de Coatanfao, HERVE' Seigneur de Kerautret, Claude Seigneur de Lommaria, Charles, Olliuier, Prigent, & Charles morts ieunes.

MARIE Dame de Kermenguy, Charlotte de Kerhoent, & Claude morte ieune.

13. MARIE DE KERHOENT femme de Messire FRANCOIS DV COSQVER, Seigneur de Barach, Cheualier de l'Ordre du Roy, & ont plusieurs enfans, OLLIVIER mort ieune, FRANCOIS Seigneur de Barach, MARC, ET MAVDET DV COSQVER, MARIE Dame de BRESAL, MAR-GVERITE Dame de Coatangars, IANNE Dame du Dre-uers, & IVLLIENNE Dame de Lanascol.

13. FRANCOIS DE KERHOENT Cheualier de l'Ordre du Roy, Seigneur de Kergournadech, Coetanfao, Goarlot, Lestang, Trauheon, Coetquelfen, Botigneau, Trea-na, Pleguen, le Brunot, Botquenerle, Keruegant, keriauily Crequilio, Moros, la Haye, kergouriou, & autres lieux, Lieu-tenant de Monsieur de Chasteauneuf qui estoit Lieutenant pour le Roy en basse Bretagne.

Il à espousé IANNE DE BOTIGNEAV fille vnique & heritiere d'ALLAIN DE BOTIGNEAV, ET DE MARIE DE KERGORLAY sa Femme Seigneur & Dame de Botigneau, le Brunot, Trea-na, & autres lieux, de ce Mariage sont sorties deux filles.
   Botigneau, de sable à l'Aygle à deux testes d'argent,
   becqué, & membré de Gueulle.

14. RENEE DE QVERHOENT, femme de SEBA-STIEN II. Marquis de Rosmadec, & de Tyuarlan, Comte de la Chapelle, & de Crozon, Baron de Molac, Rostrenan, Penhouët, Serant, & autres lieux.

14. Et CLAVDE DE QVERHOENT, femme de FRANCOIS Seigneur de Kergroades, kerrozal, le Bois, Baron de Kerlech.

   Ledit Seigneur de KERGOVRNADECH leur Pere est decedé au mois de Mars en ceste année 1629.

FIN.

www.ingramcontent.com/pod-product-compliance
Lightning Source LLC
LaVergne TN
LVHW050431060726
842526LV00007B/2532